Leseübungen für Zweitschriftlerner mit einem Lesepaten

Voraussetzung: Grundkenntnisse der Buchstaben

Gisela Darrah

Inhaltsverzeichnis

a - Manchmal kurz, manchmal lang sprechen.

. . . .

langes a   **Es folgt ein Konsonant.**
kurzes a   **Es folgen 2 Konsonanten.**

. . . .

Lesen Sie die Wörter: **(langes a)**

Mara - Karat - Banat - Tara - Tal - kam - Mal - Magen - Abend - Nase - Name - Dame - Plan - Hase - Vase - klar - Glas - Gras - Wagen - sagen

Sara - Klara - Karin - Mara - Dana - Mario - Nadia - Gabi - Fabian

Lesen Sie die Wörter: **(kurzes a)**

Affe - Tasse - nass - Kanne - Tanne - halt - kalt - Apfel - Wasser - Kasse - Ball - Mann - kann - alle - Mappe - Kappe - Masse - Klasse - Halle - Knall - knapp - Wappen - Rappen - Ass - fallen - Fass - dann - Bass

Anton - Anna - Hanna - Marianne - Rosanna - Walter - Hanno - Ralf
Ariane - Astrid - Andy - Albert - Anke - Agathe - Arndt - Susanne

Ausnahmen: Kurze Wörter mit 2 oder 3 Buchstaben:
ab, an, hat, am, was, das

Lesen Sie die Sätze:

1. *Der Affe isst eine Banane.*   2. *Anna hat die Tasse.*

3. *Rosanne ist in der Klasse.*   4. *Der Hase ist da.*

5. *Walters Nase ist lang.*   6. *Karin trinkt Wasser.*

7. *Der Mann kann das.*   8. *Dana hat den Ball.*

ah - aa : immer lang sprechen

Lesen Sie:

Sahne - Jahr - Saal - Fahne - Ahnung - Mahnung - Wahl - Mahlzeit - kahl
Staat - fahren - Bahnhof - Kahn - Wahn - wahr - Rahm - nahm - lahm

Aalen - Aachen - Saarland - Saarbrücken - Aargau - Ahlbeck

Lesen Sie die Sätze:

1. In der Suppe ist Sahne.

2. Das Kind ist ein Jahr alt.

3. Wir sind im Saal.

4. Wir leben im Saarland.

5. Aachen ist eine Stadt.

6. Deutschland ist ein Staat.

7. Wir fahren zum Bahnhof.

8. Wir fahren nach Saarbrücken.

9. Das ist nicht wahr.

10. Sein Name ist Frank Ahrend.

Schreiben Sie **ah** und lesen Sie.

1. Das J ....r hat 12 Monate und 365 Tage.

2. Ist das wirklich w......... r ?

3. Das Amt schickt uns eine M.......... nung. Wir müssen bez.........len.

4. Wir wählen den Bundestag. Am Sonntag ist die W ....l.

5. Das Mittagessen ist eine M..........lzeit.

6. Ich f..........re mit dem Zug. Ich gehe zum B............nhof.

Lesen Sie:

Haus - Maus - Frau - Auto - Australien - Baum - Traum - Auto - Autobahn

braun - grau - schlau - genau - Auge - blau - Hausfrau - blau - bauen

kaufen - laufen - Pause - Daumen - Raum - Traum - bauen - schauen

Paul - Klaus - Nikolaus - Laura - Aurelia - Frauke - Pauline

Bauer - Maurer - Adenauer - Ramsauer - Braun - Oppauer

Lesen Sie die Sätze:

1. Die Hausfrau kauft ein Auto.

2. Die Maus ist grau.

3. Die Augen sind braun.

4. Das Auto ist auf der Autobahn.

5. Der Baum ist im Garten.

6. Wir kaufen ein Auto.

7. Wir laufen nach Hause.

8. Frau Braun kauft Kaugummi.

9. Der Daumen ist an der Hand.

10. Das Klassenzimmer ist ein Raum.

11. Frau Maurer hat blaue Augen.

12. Klaus und Frauke sind im Haus.

13. Der August ist im Sommer.

14. Wir bauen ein Traumhaus.

15. Herr Bauer ist schlau.

16. Aurelia will ein Haus kaufen.

17. Frau Blau macht Pause.

18. Der Bauer ist auf dem Feld.

ä - äh

Manche Wörter mit ä haben Verwandte mit a. Aber nicht alle.

<u>Lesen Sie:</u>

Äpfel - Ärzte - Käse - Säge - Gerät - Zähne - fährt - hält - gähnen
Ärger - hässlich - gefährlich - Träne - regelmäßig - Gespräch

Katharina - Käthe - Barbara - Bärbel - Anna - Ännchen

ein Apfel - zwei Äpfel   ein Arzt - zwei Ärzte

ein Zahn - zwei Zähne   der Hass - hässlich

die Gefahr - gefährlich   fahren - er fährt

halten - er hält   die Sprache - das Gespräch

ein Satz - zwei Sätze   ein Plan - viele Pläne

ein Platz - viele Plätze   ein Ball - viele Bälle

<u>Lesen Sie die Sätze:</u>

1. Im Ärztehaus sind viele Ärzte.   2. Dr. Müller ist mein Arzt.

3. Ein Kilo Äpfel, bitte.   4. Ich gehe zum Zahnarzt.

5. Zwei Zähne tun weh.   6. Essen Sie gern Käse?

7. Der Fernseher ist ein Gerät.   8. Der Zug fährt nach Karlsruhe.

9. Der Bus hält an der Haltestelle. 10. Die Lampe ist hässlich.

Sprechen Sie: oi

Alle Wörter mit äu haben Verwandte mit au.

Lesen Sie:

Häuser - Bäume - Verkäuferin - Mäuse - Träume - Räume - Gebäude

Träume - Zäune - täuschen - Käufer - Läufer - Säule - Gäule - Fäule

Lesen Sie:

ein Baum - zwei Bäume   ein Traum - zwei Träume

eine Maus - zwei Mäuse   ein Haus - zwei Häuser

ein Raum - zwei Räume   kaufen - der Käufer

laufen - der Läufer   verkaufen - der Verkäufer

bauen - das Gebäude   brauen - das Gebräu

Lesen Sie die Sätze:

1. Im Garten sind viele Bäume.   2. In der Nacht habe ich Träume.

3. Da ist eine kleine Maus.   4. Die Mäuse sind im Keller.

5. Wir kaufen ein Haus.   6. Der Verkäufer zeigt uns das Gebäude.

7. Der Läufer rennt schnell.   8. Paul kann gut laufen.

9. Die Schule hat viele Räume.   10. Der Raum ist groß.

| *b* - am Wortanfang oder Silbenanfang: weich sprechen |

Lesen Sie:

Banane - Bus - Bett - Ball - beten - baden - bald - bauen - binden - bitte -

Bank - Boden - Bluse - Badezimmer - Balkon - besser - bringen - bunt

Brigitte - Birgit - Bernd - Berit - Bastian - Burkhard - Barbara

Berlin - Bremen - Budapest - Bukarest - Baden-Baden - Bonn

Lesen Sie die Sätze:

1. Die Banane ist gelb.

2. Wir baden im Badezimmer.

3. Der Balkon ist am Haus.

4. Wir bauen ein Haus.

5. Die Bluse ist bunt.

6. Die Bank ist offen.

7. Bitte bringen Sie Wasser.

8. Der Bus ist gelb.

9. Wir bauen das Bett.

10. Die Birne ist gelb.

| *b* - am Wortende oder Silbenende: hart sprechen (wie p) |

Lesen Sie:

halb - Klub - gelb - abholen - abgeben - absagen - grob - Dieb - Sieb

b am Ende kommt nicht oft vor.

**c kommt in aktuellen deutschen Wörtern nicht vor,
nur in Fremdwörtern oder alten Wörtern.**

<u>*Lesen Sie:* **(wie k)**</u>

Café - Cola - Computer - Cousin - Creme - Cousine - Camping - Comic

Carla - Claudia - Caroline - Clemens - Carl - Clementine - Carola

Cordula - Cornelia - Carina - Conny - Claus - Camilla - Corinna

Coburg - Cochem - Carlsberg - Calv - Calmbach - Colditz

<u>*Lesen Sie die Sätze:*</u>

1. Wir sind im Café und trinken Tee.

2. Mein Cousin heißt Clemens. Meine Cousine heißt Claudia.

3. Caroline ist am Computer und arbeitet.

4. Ich nehme Creme für meine Hände.

5. Carla und Carola sind Cousinen.

Es gibt oft das gleiche Wort auch mit K, besonders bei Namen.

Klaudia - Claudia	*Karl - Carl*	*Cousin - Kusin*
Krem - Creme	*Koffein - Coffein*	*Kornelia - Cornelia*

Sprechen wie ts: Cent (aus dem Englischen)

ch

Zwei Aussprachevarianten: 1. im Hals 2. im Mund.

<u>Lesen Sie:</u> **(im Hals)**

nach den Vokalen und Diphthongen   a - u - o - au

acht - Nacht - Buch - suchen - kochen - doch - Bauch - auch - Krach
Kuchen - Koch - wach - brauchen - noch - rauchen - machen - lachen

Jochen - Joachim - Aachen - Buchenwald - Biberach - Plochingen
Fischbach - Andernach - Bacharach - Lauterbach - Wachenheim

<u>Lesen Sie:</u> **(im Mund)**

nach den Vokalen und Diphthongen i - e - ei - eu - ü - ä - ö - äu
und nach Konsonanten

ich - nicht - richtig - wichtig - reich - gleich - euch - Bücher - Küche -
nächste - Töchter - echt - recht - schlecht - Köchin - Nächte - Blech

Mechthild - Albrecht - Friedrich - Heinrich - Erich - Roderich
München - Oberkirch Beichlingen - Mönchberg - Reichenau -
Lichtenborn - Rechtenbach

<u>Lesen Sie die Sätze:</u>

1. Das Buch ist im Regal.

2. Wir kochen mit dem Kochbuch.

3. Ich suche den Kuchen.

4. Die Hausnummer ist acht.

5. Friedrich hat viele Bücher.

6. Mechthild wohnt in München.

7. Wir sind acht Nächte im Hotel.

8. Die Küche ist wichtig.

9. Meine Töchter wohnen in Oberkirch.

Einige alte Wörter: Sprechen Sie ch wie k.

Christus - Christlich - Chemnitz - Chor - Chlor - Chaos - Charakter

Englische Wörter: Sprechen Sie ch wie tsch.

Chat - Chart - Cheeseburger

Französische Wörter: Sprechen Sie ch wie sch.

Chef

---

chs

Sprechen Sie ks

<u>*Lesen Sie:*</u>

sechs - wechseln - wachsen - Lachs - Sachsen - Achse - Gewächs - Luchs - Dachs - Fuchs - Wechselgeld - Erwachsene - Gewächshaus

<u>*Lesen Sie die Sätze:*</u>

1. Kinder wachsen. Später sind sie Erwachsene.

2. Bei der Bank kann ich Geld wechseln.

3. Tut mir leid. Ich habe kein Wechselgeld.

4. Der Luchs, der Dachs und der Fuchs leben im Wald.

5. Dresden liegt in Sachsen.

6. Im Gewächshaus wachsen Tomaten und Gurken.

7. Meine Hausnummer ist sechs.

d - am Wortanfang oder Silbenanfang: weich sprechen

Lesen Sie:

Dose - Dach - Disco - Dame - Daumen - du - dunkel - Drama - dort -

darum - doch - das - danke - Drogerie - Durst - dann - der - die - das

Dieter - Doris - Damian - Dörthe - Detlev - Dagmar - Donald - Dany

Daniela - Daniel - Diana - Dana - Dirk - Dominik - Dorothea

Dagobert - Dalila - Dragomir - Dankwart - Dietmar - Deinhard

Darmstadt - Düsseldorf - Dresden - Dänemark - Dahn - Dieburg

Lesen Sie die Sätze:

1. In der Dose sind Tomaten.

2. In der Disco sind Damen.

3. Das Dach ist dunkel.

4. Dort sind Doris und Dieter.

5. Wir sagen danke.

6. Der Daumen ist da.

7. Dort ist die Drogerie.

8. Darum sage ich danke.

9. Doris hat Durst.

10. Das ist doch Dieter.

11. Dagmar wohnt in Darmstadt.

12. Daniela wohnt in Düsseldorf.

13. Donald lebt in Dresden.

14. Dirk kommt aus Dänemark.

15. Dietmar hat drei Kinder.

16. Dominik ist in Dahn.

d - am Wortende oder Silbenende: hart sprechen, wie t

Lesen Sie: (hart)

Hand - Hund - Geld - Wald - Kind - Gold - Wind

Enkelkind - Windhund - Altgold - Tannenwald - Kleingeld

Lesen Sie: (weich)

Kinderhände - Hundeleine - Goldener Ring

Lesen Sie:

ein Kind - zwei Kinder   *ein Wald - viele Wälder*

eine Hand - zwei Hände   *das Gold - ein goldener Ring*

ein Hund - zwei Hunde   *ein Rand - viele Ränder*

Lesen Sie die Sätze:

1. Das Kind ist im Haus.   *2. Die Tanne ist im Wald.*

3. Das Geld ist weg.   *4. Der Hund ist im Garten.*

5. Der Wind kommt von Osten.   *6. Der Ring ist aus Gold.*

7. Die Finger sind an der Hand.   *8. Im Garten sind 2 Hunde.*

9. Ich habe keine Kinder.   *10. Der Abendwind ist warm.*

11. Es gibt viele Wälder in Deutschland. *12. Ich habe zwei Hände.*

Manchmal lang, manchmal kurz sprechen.
langes e - Es folgt ein Konsonant.
kurzes e - Es folgen zwei Konsonanten.

Lesen Sie: **(kurz)**

essen - Messer - besser - Teller - schnell - Welt - Ente - Nest - Weste -

Kette - Fest - Rest - rennen - kennen - Bett - nett - Wetter - Herr - Wetter

Betty - Bessie - Anette - Babette - Henner - Emma - Ernst
Edgar - Erwin - Enno - Tessa - Ella - Erna - Henry - Herta

Lesen Sie die Sätze:

1. Wir essen mit Messer und Gabel.

2. Der Teller ist besser.

3. Die Kette ist aus Gold.

4. Das Wetter ist gut.

5. Wir rennen schnell.

6. Herr Braun ist nett.

7. Die Ente ist im Wasser.

8. Wir kennen das Essen.

9. Das Bett ist braun.

10. Die Weste ist blau.

Lesen Sie: **(langes e)**

Esel - wenig - lesen - beten - reden - Meter - Hefe - Ewald - Erich - Emil

Es gibt wenige Wörter mit langem e.

eh - ee: *Immer lang sprechen.*

Lesen Sie:

See - Tee - Kaffee - Fehler - Meer - sehen - stehen - gehen - mehr - sehr - nehmen - Lehrer - angenehm - drehen - dehnen - weh - Idee - Schnee

Lesen Sie die Sätze:

1. Der See ist dort.

2. Ich nehme Kaffee.

3. Der Lehrer macht Fehler.

4. Ich will mehr Meer sehen.

5. Der Tee ist gut.

6. Meine Hand tut weh.

7. Das Wetter ist angenehm.

8. Wir stehen im Bus.

9. Ich gehe zum Bahnhof.

10. Sehen Sie das Meer?

Schreiben Sie ee und lesen Sie die Sätze:

1. Ich habe eine gute Id............. . Wir machen ein Picknick.

2. Trinken Sie gern T.................. ? Ja. Am liebsten grünen T ....

3. Im Winter ist es manchmal sehr kalt. Dann haben wir Schn ....

4. Wo machen Sie Urlaub? Am M.............r oder am S ....?

5. Morgens trinke ich gern einen guten Kaff................ .

6. Sehen Sie den S ...... dort? Das ist der Bodens.......... .

ei

Reis - leise - Ei - Eis - klein - mein - drei - Eimer - Leiter - arbeiten - Zeit -
Zeitung - Heizung - Meinung - Reise - Eisenbahn - weiß - heiß - Freitag
Polizei - Wein - Kleid - Seife - Eingang - Feier - Fleisch - zwei - kein

Heidi - Heidrun - Heiner - Heinrich - Mareike

Eisenberg - Meisenheim - Kleinkarlbach - Dreisen - Weilheim -
Eisenach - Breitenbach - Frankenstein - Monsheim - Weimar -
Heidelberg - Weitersweiler - Gleisweiler - Albsheim - Beinheim -

Lesen Sie die Sätze:

1. Wir fahren mit der Eisenbahn.

2. Wir kochen Fleisch und Reis.

3. Am Freitag habe ich Zeit.

4. Da ist die Zeitung.

5. Der Wein ist weiß.

6. Das Wetter ist heiß.

7. Bitte sei leise.

8. Ich arbeite bei der Polizei.

9. Die Feier ist am Freitag.

10. Ich warte am Eingang.

11. Die Seife ist fein.

12. Ich fahre mit der Eisenbahn.

13. Hat er zwei oder drei Kinder?

14. Das Kleid ist zu klein.

Andere Schreibweisen: ai (Frankfurt am Main, Mai, Kai)
ey (Meyer)
ay (Bayern)

eu

Lesen Sie:

teuer - heute - neu - neun - Euro - Europa - Deutschkurs - Deutsch -

Deutschland - Freund - Freundin - Leute - Feuer - Feuerwehr - Feuerzeug

Teutschenthal - Neuss - Preußen - Neureut -Neuburg - Neuwied -

Beuren - Neustadt - Neukirchen - Freudenstadt - Teupitz - Neuhof

Lesen Sie die Sätze:

1. Das Feuerzeug ist teuer.

2. Das kostet neun Euro.

3. Heute ist Freitag.

4. Der Deutschkurs ist heute.

5. Deutschland ist in Europa.

6. Die Feuerwehr ist da.

7. Mein Freund heißt Omar.

8. Sprechen Sie Deutsch?

9. Meine Freundin heißt Erika.

10. Das kostet neunzig Euro.

Schreiben Sie eu / Eu und lesen Sie:

1. In ....ropa bezahlen wir mit ....ro.

2. Die F..........erwehr löscht das F.............er mit Wasser.

3. ....gen wohnt in Fr.............denstadt.

4. Da sind viele L................te. Meine Fr...........nde sind auch da.

18

f - ff

Lesen Sie:

Fenster - Foto - Familie - Fisch - Freund - Feier - Ferien - Feierabend
fest - frisch - fein - fit - freuen - fehlen - frieren - fahren - fangen

Affe - Giraffe - Koffer - Waffe - Kaffee - offen - Griff - Kniff - Schiff - Stoff

Florian - Fritz - Friedrich - Frieda - Freia - Frauke - Friederike - Finn - Franziska - Franz - Fridolin - Falk - Fanni - Fiona - Frank

Frankreich - Finnland - Florida - Falkland - Frankfurt - Fulda

Lesen Sie die Sätze:

1. Franz lebt in Frankreich.

2. Frauke wohnt in Frankfurt.

3. Frieda isst gern Fisch.

4. Fiona hat einen Koffer.

5. Fridolin ist mein Freund.

6. Fritz und Falk haben Ferien.

7. Der Affe will Kaffee.

8. Finn will Feierabend machen.

9. Freia kommt aus Finnland.

10. Fanni hat ein tolles Foto.

Schreiben Sie ff und lesen Sie:

1. Wir trinken manchmal Tee und manchmal Ka.............ee.

2. Im Zoo sitzt ein A...........e auf dem Baum.

3. Die Gira..........e lebt in Afrika.

Lesen Sie:

Pfund - Pferd - Pflanze - Pflaume - Pfirsich - Topf - Kopf - Knopf -

pfui - Pfanne - Pfeffer - Pflaster - pflegen - Krankenpfleger

Pfeddersheim - Kempfenbrunn - Pfaffendorf - Pfingstweiler

Lesen Sie die Sätze:

1. *Ein Pfund Pflaumen, bitte.*   2. *Die Suppe ist im Topf.*

3. *Der Kopf ist oben.*   4. *An der Bluse fehlt ein Knopf.*

5. *Das Pferd kann gut rennen.*   6. *Der Pfirsich ist gut.*

7. *Im Zimmer sind Pflanzen.*   8. *Pfui! Lass das liegen!*

9. *Die Eier sind in der Pfanne.*   10. *Wir pflegen den Garten.*

11. *Peter ist Krankenpfleger.*

12. *Au! Mein Finger tut weh! Wo ist das Pflaster?*

13. *Ich kann das nicht essen. Da ist zu viel Pfeffer.*

14. *Maria hat Geburtstag. Ich kaufe eine Topfpflanze.*

15. *Wir kaufen Pfirsiche und Pflaumen auf dem Markt.*

16. *Sara und Wolfgang pflegen ihre Großeltern.*

17. *Mein Kind ist krank. Ich pflege es gesund.*

g

Lesen Sie:

Geld - Gold - Garten - Giraffe - Glas - gern - gleich - genug - geben
Gast - Gardine - Garderobe - gelb - grün - gerade - gut - groß - gehen

Gisela - Gerlinde - Gudrun - Gabi - Günter - Gernod - Gerhard

-ig

Die Nachsilbe -ig wird wie -ich gesprochen.

Lesen Sie:

fertig - wenig - ruhig - windig - ölig - sandig - saftig - mehlig - neblig

Wird das Wort länger, höre ich wieder das g:

windiger - ruhiger - weniger - öliger - saftiger - nebliger

ang, -eng, -ing, -ong, -ung

Die Endung -ng klingt wie eine Glocke und man kann das g nicht hören.

Lesen Sie:

Frühling - Liebling - singen - klingen - Ring - bringen - schwingen

Klang - Gang - Gesang - lang - Wange - Range - Zange - Stange

Gong - Dingdong - Kingkong

Zeitung - Heizung - Wohnung - Anleitung - jung - Schwung - Achtung

Lesen Sie die Sätze:

1. Bist du mit der Aufgabe fertig?   2. Der Salat ist zu ölig.

3. Das kostet aber wenig.   4. Heute ist es sehr windig.

5. Im Herbst ist es oft neblig.   6. Im Frühling ist es sonnig.

7. Liebling, kannst du mir ein Glas Wasser bringen?

8. Wir singen gern ein Lied. Der Gesang klingt gut.

9. Der Ring ist aus Gold mit einem Diamanten.

10. Dingdong! Ich höre den Gong. Das Essen ist fertig.

Gelsenkirchen - Gernsbach - Göttingen - Gaggenau - Gotha - Grünstadt - Gemünden - Gummersbach - Göppingen - Greifenstein

Emmendingen - Sindelfingen - Ertingen - Lenningen - Hohentengen - Bösingen - Münsingen - Geislingen - Undingen

---

gh

In einigen Fremdwörtern findet man gh. Das h nicht sprechen.

Lesen Sie:

Ghetto - Spaghetti - Joghurt - Ghana

h am Wortanfang oder Silbenanfang

Lesen Sie:

Hase - Hose - Herd - Hemd - Hand - Hund - Herz - Himmel - Hotel - Haus

Heft - Husten - Hilfe - Hagel - haben - hinten - Gehirn - gehören -

behalten - helfen - heilen - holen - heiraten - handeln - halb - hundert

Horst - Heinrich - Hilde - Hildegard - Hanne - Hajo - Hans -

Hedwig - Holger - Herbert - Herta - Helena - Hedi - Hinrich

Helga - Helma - Hella - Heike - Hektor - Hartmut - Hardy

Lesen Sie die Sätze:

1. Hildegard hat zwei Hasen.

2. Hans hat ein neues Hemd.

3. Der Hund gehört Hanne.

4. Helga will Holger heiraten.

5. Horst will Hedi helfen.

6. Hektor wohnt im Hotel.

7. Herbert hat ein Haus.

8. Wir holen Hardy ab.

9. Herta und Hartmut sind am Herd und kochen das Essen.

10. Heike malt ein Herz auf das Haus.

11. Hedwig hat Husten. Sie ist krank.

12. Die Sonne und die Wolken sind am Himmel.

ah - eh - ih - oh - uh - ieh - eih - äh - öh - üh

Das Dehnungs-h nicht sprechen.
Es macht den Vokal lang.

<u>Lesen Sie:</u>

Sahne - Zeh - ihr - du siehst - Sohn - Stuhl - Weihnachten - wahr - sehr -
Mahnung - weh - ihm - er sieht - Ohr - Uhr - Reihe - Mühe - Zähne

Altenahr - Hohenstaufen - Mehlingen - Ehekirchen - Pfahlheim -
Lahnstein - Hohenburg - Lehrberg - Gehrenberg - Fahrenbach

<u>Lesen Sie die Sätze:</u>

1. Wir essen Sahnetorte.

2. Mein Zeh tut weh.

3. Er sieht den Sohn.

4. Mein Sohn kommt zu Weihnachten.

5. Ich gebe ihr die Uhr.

6. Das ist mein Stuhl.

7. Der Hase hat lange Ohren.

8. Der Stuhl ist teuer.

9. Ich stehe in der Reihe.

10. Du siehst den Hund.

<u>Lesen Sie: **lang und kurz**</u>

Kahn - kann   Bahn - Bann

Sohn - Sonne   Ahle - alle

Mühle - Müller   Fehler - Fell

Bohne - Bonn   Wohnen - Wonne

langes i - Es folgt ein Konsonant.
kurzes i - Es folgen 2 Konsonanten.

<u>*Lesen Sie:*</u>***(langes i)***

Igel - Klima - Tina - Lisa - Bibel - Kino - Berlin - Biber - dir - wir - Krise

Es gibt nur wenige Wörter mit langem i.

<u>*Lesen Sie:*</u>***(kurzes i)***

wissen - Kissen - Kind - Rind - binden - finden - Zimmer - immer

will - still - Mist - bist - wild - Bild - winken - stinken - blinken

Hilde - Hinrich - Milva - Silvia - Till - Bill - Brit - Nick - Rick - Inka

Immendingen - Ilmenau - Ingelheim - Birkenheide - Simmershofen
Kissingen - Trittenheim - Kirchheim - Lichtenwald - Lichenroth

<u>*Lesen Sie die Sätze:*</u>

1. Hilde hat viele Kissen im Zimmer. 2. Till wohnt in Kirchheim

3. Auf dem Bild ist ein Kind.   4. Silvia und Brit winken.

5. Hinrich kommt aus Ingelheim.   6. Bill ist immer wild.

7. Wir wissen alles von Milva.   8. Wir sind in Simmershofen.

9. Nick will die Schuhe binden.   10. Rick ist immer still.

ie - ih

Sprechen Sie ie immer lang.

Lesen Sie:

sieben - Brief - viel - Liebe - Biene - bedienen - fliegen - Miete - Tier -
Bier - vier - hier - nie - geschieden - Vermieter - wieder - Auf Wiedersehen

Friedrich - Friederike - Frieda - Wiebke - Dieter - Dietmar

Biedesheim - Niederolm - Knielingen - Langewiesen - Wien
Friedrichsbrunn - Dietersdorf - Giebelstadt - Niederviehbach

Lesen Sie die Sätze:

1. Da sind sieben Briefe.

2. Die Biene ist auf der Blume.

3. Wir wohnen in Wien.

4. Ich fliege nach Amerika.

5. Die Miete ist teuer.

6. Auf Wiedersehen! Bis morgen.

7. Der Kellner bedient den Gast.

8. Er trinkt viel Bier.

9. Eva und Ali sind geschieden.

10. Der Vermieter ist nett.

11. Dieter kommt aus Knielingen.

12. Wohnen Sie in Wien?

13. Frieda und Wiebke fliegen in die Niederlande.

14. Die Biene ist ein kleines Tier.

ih gibt es nur bei einigen kurzen Wörtern: ihr - ihnen - ihm

j

Lesen Sie:

Jacke - Joghurt - Januar - Juni - Juli - Jahr - Japan - jetzt - ja - Judo

Julia - Janosch - Juliane - Julian - Jochen - Johannes - Johanna
Joachim - Jörg - Josef - Josefine - Joschka - Jan - Jens - Jule

Lesen Sie die Sätze:

1. Die Jacke gehört Julia.

2. Johannes isst gern Joghurt.

3. Janosch ist ein Jahr alt.

4. Jan und Jens sind in Japan.

5. Juli macht Judo.

6. Jörg hat im Juni Geburtstag.

7. Josef kommt im Januar.

8. Josefine sagt ja.

9. Jochen ist jetzt da.

10. Das ist die Jacke von Johanna.

Englische Wörter: dsch

Job - Jeans - Jobcenter - joggen - Jenny

Französische Wörter: sch

Journalist - Jackett - Jacqueline

k - rk - lk - kr - kl - kn - nk

Lesen Sie: k

Karte - Kino - Kiosk - Kappe - Kerze - Kabel - Kind - Kuchen - kurz

Karin - Knut - Karl - Katarina - Karl - Kirsten - Karsten - Klaus

Karlsruhe - Königsberg - Kaiserslautern - Kassel - Koblenz - Köln

Lesen Sie: -rk

Werk - stark - Dirk - Bezirk - Birke - Barke - Burka - Ferkel - Gurke

Lesen Sie: -lk

Volk - Kalk - Wolke - Elke - Balken - welken - Silke - Falke

Lesen Sie: kr-

krank - Kraft - Krippe - Kragen - Krone - Kreide - Kripo - Krimi, kriegen

Lesen Sie: Kl-

Klasse - Klappe - Klima - klein - Klingel - klug - Klopapier - Klarinette

Lesen Sie: Kn-

Knochen - knapp - Knie - Knoten - Knabe - Knut - kneten - knobeln

Lesen Sie: -nk:

Danke - krank - winken - stinken - Onkel - denken - Gedanke - Anke

ck - kk

Auf Deutsch gibt es nicht kk, also Doppel-k, nur in Fremdwörtern:

Lesen Sie: kk:

Mokka - Sakko - Marokko - Makko - Schirokko

ck hat auf Deutsch die Funktion von Doppel-k. Es steht nach einem kurzen Vokal.

Lesen Sie: **(Sprechen wie k)**

Jacke - Socken - Ecke - Decke - Rock - Sack - Drucker - Locken - Becken

stecken - Steckdose - wecken - Wecker - Dackel - Deckel - Bäcker - Glück

Meckenheim - Rockenhausen - Dackenheim - Wildflecken -
Mühlacker - Katzenbuckel - Reckendorf - Windeck - Ahrbrück

Lesen Sie die Sätze:

1. Elke ist krank. Ihr Knie tut weh.   2. Dirk kann Klarinette spielen.

3. Der Kragen ist an der Jacke.   4. Der Stecker steckt in der Steckdose.

5. Der Deckel ist auf dem Topf.   6. Der Wecker klingelt.

7. Der Bäcker backt Kuchen.   8. Ich kaufe einen Rock und eine Jacke.

9. Herzliche Glückwünsche.   10. Der Drucker ist am Computer.

11. Das Handy steckt in der Tasche. 12. Elke hat lange Locken.

13. Die Jacke ist dick.   14. Silke ist in Marokko.

l – ll

Lesen Sie:

Luft - Lager - leben - lachen - lesen - Lehrer - leise - lernen - lustig

Lara - Lars - Liselotte - Ludwig - Lore - Liese - Larissa - Lasse

Ludwigshafen - Leistadt - Ladenburg - Leipzig - Landau - Luckenwalde - Lohfelden - Lüneburg - Lauenburg - Ludwigslust

Lesen Sie: ll

toll - voll - fallen - null - alle - schnell - Knall - Ball - will - still - Wolle

Halle - Kallstadt - Celle - Radolfszell - Reichenhall

Lesen Sie die Sätze:

1. Die Luft im Wald ist gut.

2. Lisa fragt den Lehrer.

3. Lara und Lars lachen.

4. Die Halle ist voll.

5. Alle kommen schnell.

6. Ich will den Ball.

7. Die Waren sind im Lager.

8. Wir leben in Deutschland.

9. Lara kann lesen.

10. Das Wetter ist toll.

11. Larissa kommt aus Ludwigshafen.

12. Liese wohnt in Landau.

13. Wir lernen in Lüneburg.

14. Ludwig und Liselotte sind lustig.

15. Lore lebt in Kallstadt.

16. Leila lebt in Reichenhall.

m - mm

Lesen Sie:

Monat - Montag - Musik - Mann - Melone - Maus - Mensch - Milch

Maria - Martin - Marion - Mustafa - Miriam - Marina - Manuela

Mannheim - Marburg - Münster - Mühlhausen - Münchberg

Lesen Sie: mm

Hammer - Kammer - Lamm - Kamm - dumm - krumm - kommen - immer

Emmendingen - Hamm - Oberammergau - Simmershofen

Simmelsdorf - Hammersbach - Ammerfeld - Immenhausen

Lesen Sie die Sätze:

1. Am Montag kommt Maria.

2. Martin mag Musik.

3. Mustafa hat den Hammer.

4. Manuela und Miriam kommen.

5. Martin ist ein Mann.

6. Mama macht Erdbeermilch.

7. Marion mag Melonen.

8. Miriam kommt aus Marburg.

9. Marina sieht eine Maus.

10. Martina wohnt in Münchberg.

11. Ich kämme mich mit dem Kamm.

12. Das Fleisch ist vom Lamm.

13. Wir fahren immer nach Münster.

14. Die Banane ist krumm.

n - nn

Lesen Sie:

Name - Nase - Nuss - neun - Nebel - Nina - Nikolaus - Norbert - niemand

Nadja - Nora - Norbert - Natalie - Naomi - Natascha - Natalja

Nürnberg - Neustadt - Nassau - Nordhausen - Northeim - Neuburg

Lesen Sie: nn

Mann - Kanne - Tanne - Tonne - dann - kann - wann - Pfanne - wenn - Wanne - gewinnen - beginnen - rennen - können - Sonne - Henne - denn

Enno - Anna - Anneliese - Benno - Corinna - Jenny - Onno - Enno

Lesen Sie die Sätze:

1. Mein Name ist Nina.　　　*2. Der Nikolaus kommt im Dezember.*

3. Der Tee ist in der Kanne.　　*4. Wann kommt Norbert?*

5. Der Mann geht im Nebel.　　*6. Niemand ist da.*

7. Neun Personen sind in der Klasse.　　*8. Die Tanne ist im Wald.*

9. In der Pfanne sind Bratkartoffeln.　　*10. Anna kann lesen.*

11. Norbert kommt aus Nordhausen.　*12. Naomi und Anna sind neu.*

13. Das ist Nadja aus Nürnberg.　　*14. Nataschas Mann heißt Norbert.*

Lesen Sie: **Das o ist lang. Es folgt ein Konsonant.**

Ton - Oma - Opa - Sofa - Mofa - Koma - Boden - Note - Bote - Brot

Rosa - Rosalie - Doris - Monika - Ilona - Nora - Mona - Kora - Paolo - Kuno - Bruno - Sofia - Odin - Obelix

Oberzell - Oberammergau - Obersdorf

Lesen Sie: **Das o ist kurz. Es folgen 2 Konsonanten.**

Osten - Sonne - Sommer - Onkel - kommen - Tonne - Gott - Gold - voll

Orthrud - Oskar - Onno - Othello - Olli - Oliver - Olaf - Olga

Ochsenfurth - Osthofen -Ottrau - Ortenberg - Olpe - Oggersheim - Oppau - Ortau

Lesen Sie die Sätze:

1. *Oskar kommt im Sommer.*　　2. *Doris wohnt in Osthofen.*

3. *Onkel Onno sitzt auf dem Sofa.*　　4. *Die Tonne ist voll.*

5. *Monika kommt aus Ochsenfurth.*　　6. *Die Sonne geht im Osten auf.*

7. *Oma und Opa kaufen Gold.*　　8. *Rosa wohnt in Osterrode.*

9. *Orthrud fährt mit dem Mofa.*　　10. *Rosalie sitzt am Boden.*

11. *Ilona und Mona essen Brot.*　　12. *Nora und Kuno sind in Ortenberg.*

13. *Bruno kommt zu Ostern.*　　14. *Dorothea wohnt in Oberzell.*

oh - oo

Immer lang sprechen

<u>Lesen Sie:</u>

Sohn - Ohr - wohnen - Wohnung - Bohne - Kohle - Lohn - froh - Sohle - Moos - Zoo - Boot - Moor - Rohr - bohren - lohnen - ohne - Fohlen

Hohenstaufen - Rohrbrunn - Ohrdruf - Dohren - Rohrberg

<u>Lesen Sie die Sätze:</u>

1. Oma wohnt im Boot.

2. Frohe Ostern!

3. Ich bekomme Lohn von der Firma.

4. Die Bohnensuppe ist gut.

5. Die Wohnungstür ist offen.

6. Im Wald ist viel Moos.

7. Die Wohnung ist gut.

8. Wir essen grüne Bohnen.

9. Im Zoo sind viele Tiere.

10. Die Kohle ist auf dem Grill.

11. Mein Sohn hat Ohrenweh.

12. Wir fahren mit dem Boot.

Französische Wörter: ou   Sprechen Sie ou wie u

Cousine - Tour - Tourist

ö - öh
Manche Wörter mit ö haben Verwandte mit o. Aber nicht alle.

Lesen Sie:

Langes ö:

Österreich - Söhne - Größe - König - Lösung - schön - möglich - Fön - hören - böse - nötig - Öl- mögen - rösten - trösten - höflich - Öfen

Kurzes ö:

können - Köchin - möchten - Löcher - Töchter - Stöcke - Böcke

Königsberg - Königswinter - Döllstädt - Stöckach - Königsee
Höningen - Schönborn - Gröditz - Göttingen - Möhringen

Lesen Sie:

ein Sohn - zwei Söhne   groß - die Größe

eine Tochter - zwei Töchter   hoch - höher

ein Ton - viele Töne   ein Koch - viele Köche

der Koch - die Köchin   der Lohn - die Löhne

Lesen Sie die Sätze:

1. Dörthe findet Österreich schön. 2. Die Köchin kommt aus Königsberg.

3. Meine Söhne sind größer als ich. 4. Wir hören viele Töne

5. In Göttingen wohnen meine Töchter. 6. Sie können hier schwimmen.

7. Die Köchin gibt Öl in das Essen. 8. Höhere Löhne sind möglich.

9. Ich möchte ein schönes Brötchen.

Lesen Sie:

Papa - Puppe - Paprika - Pullover - Post - Pizza - Mappe - Suppe - Preis

Pass - Park - prima - Pause - Pfeffer - Platz - parken - probieren - pro

Pamela - Peter - Petra - Paul - Paula - Pauline - Pippa - Pascal

**Paris - Pinneberg - Posen - Prag - Passau - Pirmasens - Perleberg
Plochingen - Petersthal - Peiting - Peißenberg - Pappenheim**

Lesen Sie die Sätze:

1. Papa ist im Wohnzimmer.

2. Die Puppe ist im Kinderzimmer.

3. Der Name ist im Pass.

4. Peter und Paula gehen zur Post.

5. Ich kaufe ein Pfund Paprika.

6. In der Pause esse ich Pizza.

7. Die Suppe ist heiß.

8. Was ist in der Mappe?

9. Der Pullover ist grün.

10. Pamela ist im Park.

11. Pascal kommt aus Paris.

12. Petra mag keinen Pfeffer.

13. Pippa sitzt auf meinem Platz.

14. Pauline geht in den Park.

Einige Fremdwörter und alte Wörter haben ph. Sprechen Sie wie f.

Photo - Philosophie - Alphabet - Physik - Phase - Pharao - Phosphor

Phillip - Phillis - Philomena - Phila - Phöbe - Philine

qu

Immer mit u zusammen
Sprechen Sie: kw

Lesen Sie:

Quark - Quadrat - Quadratmeter - Qualle - Qualität - Quatsch - bequem

Quittung - quer - Querstraße - Quelle - Qualm - Quitte - Quirl

Quentin - Quinn - Quirin - Quint - Quedlinburg - Quiddelbach

Lesen Sie die Sätze:

1. Wir essen Quark mit Obst.

2. Das Quadrat hat vier Seiten.

2. Wie viel Quadratmeter hat das Zimmer?

3. Die Qualle lebt im Meer.

4. Das ist gute Qualität.

5. Das Sofa ist sehr bequem.

6. Das Wasser ist von der Quelle.

7. Ich kaufe ein. Ich bekomme eine Quittung.

8. Die Quitte ist Obst.

9. Das Auto kommt aus der Querstraße.

10. Mustafa raucht. Hier ist so viel Qualm.

---

r - rr

Lesen Sie:

Rose - Regen - Radio - Rind - Reise - rot - rosa - Rad - Ring - Rest

**Robert - Regina - Rita - Rosalinde - Rufus - Renate - Renatus
Rotraud - Roman - Rosemarie - Rosamunde - Rosalie - Ralf**

1. Die rote Rose ist im Garten.   2. Heute ist viel Regen.

3. Die Musik kommt vom Radio.   4. Robert macht eine Reise.

-er

Lesen Sie. **Sprechen Sie -er wie ea:**

*Mutter - Wetter - Wasser - Butter - Kinder - Fahrer - Fernseher - Teller
Bilder - Kalender - Peter - Walter - aber - oder - wieder - Pullover
Bruder - Schwester - Eltern - Koffer - Messer - besser - Alter - Falter*

Lesen Sie die Sätze:

1. Meine Mutter malt Bilder.   2. Der Fahrer ist im Bus.

3. Das Wasser ist im Glas.   4. Wir sind wieder da.

5. Die Butter ist gut.   6. Der Pullover ist rosa.

7. Der Kalender ist an der Wand.   8. Peter und Walter sind Brüder.

9. Ist das der Pullover von Walter?   10. Da sind elf Teller.

-ir, -ar, -ur, -or

Sprechen Sie ia, aa, ua, oa:

Fakir - Notar - Natur - Motor - Formular - Honorar - Inventar - Humor

s - ss - ß

Bienen-s (wie eine Biene summt): *s*

Am Wortanfang immer, in der Wortmitte nach einem langen Vokal.

<u>Lesen Sie:</u>

Sahne - Sara - See - Silber - Seife - Salz - sauber - sagen - sehen - suchen

Nase - Hose - Rose - Dose - Reise - leise - Hase - rosa - suchen- lesen

Am Wortende wird das s immer hart geprochen:

das - es - was - Kreis - Reis - aus - alles - heraus - Puls - Bus - Hals

ss - ß

Schlangen-s (wie eine Schlange zischt):

ss nach einem **kurzen** Vokal
ß nach einem **langen** Vokal

<u>Lesen Sie:</u>

Nuss - Kuss - Fass - nass - besser - Messer - wissen - Kissen - Kasse -

Tasse - Essen - vergessen - muss - Schluss - fassen - lassen - müssen

heiß - weiß - Straße - Maße - Fuß - Gruß - groß - bloß - Schoß - aß

Großmutter - Grußkarte - Einbahnstraße - Großeltern - Weißwurst

Kaffeetasse - Weinfass - Brotmesser - Sofakissen - Supermarktkasse

Lesen Sie die Sätze:

1. Sara hat weiße Seife.
2. Die Grußkarte ist groß.

3. Meine Straße heißt Hauptstraße.
4. Wir essen Fleisch und Soße.

5. Mein Fuß ist groß.
6. Die Großeltern essen Weißwurst.

7. Der Hase saß am See.
8. Die Tasse ist weiß.

9. Der Kaffee ist heiß.
10. Einen Gruß an die Großmutter.

Straßburg - Weißenburg - Hassloch - Kassel - Großkochberg - Großenhain - Gießen - Asselheim - Illertissen - Essen - Großfelden Oberweißbach - Gößweinstein - Grußendorf - Meißendorf

Schreiben Sie ß und lesen Sie:

1. In welcher Stra.....e wohnen Sie?

2. Ich wei......, in Afrika ist es hei ....

3. Herzliche Grü......e von den Gro ..... eltern.

4. In Stra.........burg ist viel Wasser neben der Stra......e.

5. Die So.....e zum Döner ist wei..... .

6. Ich schreibe eine Gru.....karte aus Wei.....enburg.

7. Gro....vater hat gro....e Fü.....e.

8. In München auf dem Oktoberfest gibt es Bier und Wei....wurst.

sch

Lesen Sie:

Schere - Schirm - Schokolade - Schwester - Schlafzimmer - Schiff

Schrank - Schule - Schuhe - Schneider - schneiden - schauen - schwer

Schal - waschen - Schaf - Schüler - frisch - rasch - schön - schnell

Tasche - Flasche - Tisch - Fisch - schreiben - schlafen - Dusche

Lesen Sie die Sätze:

1. *Wir schneiden mit der Schere.*
2. *Es regnet. Ich habe einen Schirm.*
3. *Ich schreibe einen Brief.*
4. *Die Schokolade schmeckt gut.*
5. *Der Fisch ist frisch.*
6. *Ich lerne in der Schule.*
7. *Das Wasser ist in der Flasche.*
8. *Die Waschmaschine ist kaputt.*
9. *Wir fahren mit dem Schiff.*
10. *Das Heft ist in der Tasche.*

Natascha - Sascha

Schönborn - Schöneberg - Schwarzbach - Aschaffenburg -

Schwarzenberg - Schweinitz - Schmalkalden - Schulenburg

Lüdenscheid - Schalksmühle - Schlangen - Schwaney -

Schwarmstedt - Schlüsselburg - Schwerin - Schönau

sp- st-

Am Wortanfang oder Silbenanfang:

schreiben: sp---   sprechen: schp---

schreiben: st---   sprechen: scht---

<u>Lesen Sie:</u>

Sport - spielen - Sprache - Spanien - Spinat - sprechen - sparen - Spiel

Gespräch - besprechen - gespielt - gespart - spannend - Spur - spät

Stuhl - Stein - Stern - Straße - Stadt - Stunde - Stiefel - Stift - Staat

Familienstand - Buchstaben - einsteigen - Arbeitsstelle - Winterstiefel

Stuttgart - Straßburg - Spanien - Speyer - Stockholm - Steiermark

<u>Lesen Sie die Sätze:</u>

1. Wir machen viel Sport.

2. Die Kinder spielen Ball.

3. Ich bin in Urlaub in Spanien.

4. Alle sprechen Deutsch.

5. Mein Stuhl ist braun.

6. Das Gespräch war gut.

7. Ich esse gern Spinat.

8. Wir spielen eine Stunde.

9. Das Fußballspiel ist spannend.

10. Die Stadt ist groß.

Am Wortende sprechen Sie -st:

erst - einst - bist - hast - Wurst - Mist - kannst - Brust - musst - Test

t - tt

*Lesen Sie:(**Wortanfang**)*

Tuch - Tasche - Test - Tiger - Tor - Traube - tanzen - tragen - trinken -
Taube - Tanne - Tag - Torte - Tinte - Tasse - Tante - Teller - Tür - Teil

Lesen Sie (tt): **(nach einem kurzen Vokal)**

Wetter - Bett - Matte - Mutter - Butter - Fett - nett - retten - wetten
satt - Blatt - glatt - Brett - klettern - Schatten - Wette - hatten - Latte

Lesen Sie die Sätze:

1. Das Tuch ist in der Tasche.   *2. Wir trinke aus der Tasse.*

3. Wir schreiben einen Test.   *4. Jeden Tag esse ich Torte.*

5. Tina trinkt Traubensaft.   *6. Tante Thea kommt durch die Tür.*

7. In Butter ist viel Fett.   *8. Die Mutter ist satt.*

th

Bei einigen Fremdwörtern oder alten Wörtern findet man th.
Sprechen Sie t. Das h ist stumm.

Thermometer - Thailand - Theorie - Theologie - Theater - Thüringen
Thunfisch - Thron - Thrombose - Thema - Therapie - Thermalbad

Thea - Theresa - Theodor - Thorsten - Thekla - Thomas - Thaddäus
Agathe - Dörthe - Thessa - Martha - Theodora - Elisabeth - Ruth

Oft gibt es Namen in 2 Formen:
Tomas - Thomas - Dörte - Dörthe - Torsten - Thorsten

Lesen Sie: *(langer Vokal)*

Ufer - U-Bahn - Kur - Kuh - Stuhl - Nudel - Kuchen - Uhr - Natur - Ruhe
Pute - Kur - Fuß - Gruß - Jugend - Tugend - suchen - buchen - gut

Ute - Knut - Kunigunde - Susi - Musa - Uwe - Uriel - Una

Lesen Sie: *(kurzer Vokal, 2 Konsonanten)*

Wurst - Futter - Butter - Nuss - muss - unten - unser - Durst - Lust - Kuss
Schluss - bunt - Brust - Kunst - Dunst - Wunsch - Punsch - Frust

Uschi - Ulli - Ulrich - Ursula - Ulf - Kurt - Burkhart - Dunja -
Ulla - Ulrike - Ursel - Umberto - Ummo - Urs - Ursa

Usbekistan - Uruguay - Uganda - Ungarn - Ukraine

Kurze Wörter ohne Doppelkonsonant: zum - um

Lesen Sie die Sätze:

1. Uschi isst gern Wurst.

2. Ute und Dunja sind unten.

3. Burkhart hat Durst.

4. Susi ist am Ufer.

5. Ulrich will Kuchen.

6. Musa mag die Natur.

7. Knut fährt mit der U-Bahn.

8. Unsere Kuh braucht Ruhe.

9. Uwe kommt aus Uruguay.

10. Ursel lebt in Ungarn.

11. Kunigunde will nach Usbekistan.

12. Ursula ist in der Ukraine.

ü - üh

Manche Wörter mit ü haben Verwandte mit u. Aber nicht alle.

Lesen Sie:

Tür - für - grün - Stühle - Bücher - Füße - über - Tüte - Müsli - müde

Müller - süß - Frühstück - Grüße - Hüte - Tücher

Lesen Sie:

ein Stuhl - zwei Stühle   ein Fuß - zwei Füße

ein Buch - zwei Bücher   eine Mutter - zwei Mütter

ein Tuch - zwei Tücher   ein Hut - zwei Hüte

das Mus - das Müsli   ein Gruß - viele Grüße

Wörter ohne Verwandte mit u: Tür - grün - über - Tüte - ...

Lesen Sie die Sätze:

1. Die Haustür ist kaputt.   2. Jeder Mensch hat zwei Füße.

3. Herr Müller ist unser Lehrer.   4. Frau Grün hat viele Hüte.

5. Viele Grüße an die Mutter.   6. Ich esse Müsli zum Frühstück.

7. Ich bin sehr müde.   8. Wir haben zehn Stühle.

9. Die Bücher sind teuer.   10. Kannst du das übersetzen?

In deutschen Wörtern: Sprechen Sie f.
In Fremdwörtern: Sprechen Sie w.

Lesen Sie: (deutsche Wörter)

Vogel - Volk - Vater - vier - vor - von - vorn

alle Wörter mit den Vorsilben vor- und ver-:

verheiratet - vergessen - verloren - verboten - verkaufen - vermieten

Vorname - Vormittag - vorgestern - vorlesen - voraus - vorsingen

Lesen Sie: (Fremdwörter)

Visum - November - Pullover - Vase - Verb - Vulkan - Vanille - Vegetarier

Lesen Sie die Sätze:

1. Der Vogel ist in der Luft.   *2. Vater und Mutter sind verheiratet.*

3. Vorgestern war Montag.   *4. Das Visum ist im Pass.*

5. Im November regnet es viel.   *6. Der Pullover ist violett.*

7. Die Blumen sind in der Vase.   *8. Mein Vater ist Vegetarier.*

9. Der Kurs ist am Vormittag.   *10. Wir vermieten die Wohnung.*

11. Gehen ist ein Verb.   *12. Ich habe den Schirm verloren.*

Lesen Sie:

Wasser - Wolke - Gewitter - Wald - Wein - Weihnachten - Waschmaschine

Westen - Wind - Welt - Wand - Winter - Wort - wieder - weiter - werden -

waschen - warten - wollen - wechseln - wandern - weiß - warm

Die W-Wörter: wer - wie - wo - was - welche - wann - warum - wieso

Walter - Werner - Waltraut - Waldemar - Wenke - Wiebke - Weimar

Lesen Sie die Sätze:

1. Welche Waschmaschine wollen Sie kaufen?

2. Warum ist das Wasser im Meer blau?

3. Wer wandert gern im Wald?

4. Wo wächst ein guter Wein?

5. Was schenkst du deiner Freundin zu Weihnachten?

6. Wann waschen Sie die Kleidung?

7. Wo kann man hier Geld wechseln?

8. Wieso weißt du das nicht?

9. Wie heißen die Wörter auf Deutsch?

10. Wer hat Angst vor dem Gewitter?

x

Sprechen Sie ks.

Lesen Sie:

Taxi - Mixer - Boxer - Text - Hexe - Xylophon - Max - Fax - Xenia

Lesen Sie:

1. Wann kommt das Taxi?

2. Lesen Sie den Text.

3. Max und Xenia spielen Xylophon.

4. Zwei Boxer sind im Ring.

5. Die Firma sendet ein Fax.

y

Sprechen Sie manchmal wie i, manchmal wie ü.

Lesen Sie: (wie i)

Baby - Pony - Party - Handy - Yoga - Gaby

Lesen Sie: (wie ü)

Typ - Ypsilon - typisch

Sprechen Sie ts

Lesen Sie:

Zitrone - Zucker - Zimmer - Zeitung - Zahn - Zebra - zwei - Zwiebel - Zug

zwanzig - zu - zurück - zwölf - zusammen - Zoll - Zirkus - Zigarette -

Herz - Salz - Kerze - kurz - Heizung - Zoo - Pelz - Salz - Nerz - Scherz

Lesen Sie die Sätze:

1. Im Salat ist Zitrone und Salz.   _2. In Kuchen ist viel Zucker._

3. Wo ist mein Zimmer?   _4. Mein Zahn tut weh._

5. Wir lesen die Zeitung.   _6. Das Zebra ist im Zoo._

7. In der Suppe sind zwei Zwiebeln.   _8. Das Herz ist rot._

9. Im Zoo sind viele Tiere.   _10. Die Heizung ist warm._

Zwickau - Zürich - Konstanz - Kreuzlingen - Zusmarshausen -

Wachenzell - Langensalza - Herzberg - Kamenz - Bad Salzungen -

Welzheim - Alsenz - Schulzendorf - Salzwedel - Schwarzenbek

Leipzig - Lenzkirch - Schwarzach - Gutenzell - Würzburg

In deutschen Wörtern gibt es kein zz, dafür tz.

Wörter mit zz (Italienisch):

Pizza - Razzia - Mozzarella

Deutsche Wörter (tz):

Katze - Platz - Mütze - sitzen - Schatz - Sitzplatz - Hitze - Metzger - Satz

Trebnitz - Kitzbühl - Priestewitz - Sitzenroda - Neschwitz -

Pulsnitz - Schwepnitz - Vitzenburg - Gollmitz - Jannowitz

Lesen Sie die Sätze:

1. Die Katze sitzt auf dem Sofa.

2. Das ist mein Platz.

3. Wir sitzen im Kino auf dem letzten Platz.

4. Hallo, mein Schatz, wie geht's?

5. Diesen Sommer haben wir große Hitze.

6. Ich kaufe Fleisch und Wurst beim Metzger.

7. Im Bus gibt es keinen freien Sitzplatz. Ich muss stehen.

8. Schreiben Sie einen Satz.

9. Danke. Du bist ein Schatz!

Tipps für das Üben

Die Anweisungen und Erklärungen sind auch für den Lesepaten bestimmt. Die Erklärungen sind kurz und schlagwortartig gehalten. Die Laute zuerst einzeln vor- und nachsprechen, dann Wörter üben, usw.

Der Lesepate passt sich natürlich ganz dem Lernenden an, je nachdem, ob die einzelnen Buchstaben schon gut eingeübt sind oder noch gefestigt werden müssen. Es ist wichtig, dass Sie nicht zu schnell vorgehen, damit sich der Laut und der Buchstabe im Gedächtnis verbinden.

Sie haben die Möglichkeit, das ganze Buch durchzuarbeiten oder die Schwierigkeiten, die aus der jeweiligen Landessprache entstehen, schwerpunktmäßig zu üben. Oft kommt auch vom Übenden selbst ein Wunsch, z. B. : Das ä ist schwer für mich, das möchte ich üben.

Die Übungen steigern sich im Schwierigkeitsgrad. Wiederholungen und Vorausschau sind eingebaut, weil diese den Lernprozess fördern.

Es geht vorwiegend um das Lesen. Wenn die Teilnehmer das möchten, können natürlich Wörter erklärt werden.

Sie finden in den Leseübungen Vornamen, Familiennamen, Städte- und Ländernamen. Sie sind gut geeignet, weil sie neutral sind und nicht direkt mit Inhalten verbunden. Erfahrungsgemäß möchten sich die Lesenden die Inhalte und Bedeutungen erklären lassen und werden dadurch von den Regeln und Strukturen der Sprache abgelenkt.

Die Übungen sind alphabetisch geordnet, so kann man bestimmte Buchstaben und Kombinationen leicht finden, um an Problemzonen zu arbeiten.

Je nach Kenntnisstand der Teilnehmer können Sie Wortkarten herstellen und üben, Wörter und Sätze als Laufdiktat / Diktat geben, weitere Beispielwörter suchen, etc. Natürlich sind die Städte und Namen nicht für Diktate geeignet.

Als Ergänzung zu diesem Übungsbuch passen:

Verstehst du? 1

Verstehst du? 2

Beide Bücher enthalten einfache Alltagsgeschichten für erwachsene Leseanfänger mit Wortschatz weitgehend im A1-Bereich.

Viel Freude und Erfolg beim Üben wünscht

Gisela Darrah

Herstellung und Verlag:
BoD - Books on Demand, Norderstedt
ISBN 978-3-7386-3276-7